📖 주제

· 칭찬 · 보상 · 벌

📖 활용 학년 및 교과 연계

초등 과정	2-1 국어	8. 마음을 짐작해요
		9. 생각을 생생하게 나타내요
	3학년 도덕	1. 나와 너, 우리 함께
	5-1 사회	2. 인권 존중과 정의로운 사회

기염이네 반 상벌 수첩

초등 첫 인문철학왕 24
기영이네 반 상벌 수첩

글쓴이 김원석 | **그린이** 박선미 | **해설** 한기호
기획편집 이정희 | **편집** 김민애 박주원
디자인 문지현 이유리 | **생각 실험 디자인** 김윤현

펴낸이 이경민 | **펴낸곳** ㈜동아엠앤비
출판등록 2014년 3월 28일(제25100-2014-000025호)
주소 (03972) 서울특별시 마포구 월드컵북로22길 21, 2층
전화 (편집) 02-392-6901 (마케팅) 02-392-6900 | **팩스** 02-392-6902
홈페이지 www.moongchibooks.com | Ch 뭉치북스 Instagram 뭉치북스

※ 잘못된 책은 구입한 곳에서 바꿔 드립니다.
※ 이 책에 실린 사진은 셔터스톡, 위키피디아, 게티이미지뱅크(코리아)에서 제공받았습니다. 그 밖의 제공처는 별도 표기했습니다.

도서출판 뭉치는 ㈜동아엠앤비의 어린이 출판 브랜드로, 아이들의 지식을 단단하게 만들어 주고,
아이들의 창의력과 사고력을 키워 주어 우리 자녀들이 융합형 사고뭉치와 창의뭉치로
성장할 수 있도록 좋은 책을 만들겠습니다.

추천사

'질문'의 힘! '생각'의 힘!
'미래 인재'로 가는 힘!

어린이와 학부모님들께 《초등 첫 인문철학왕》을 추천할 수 있어서 매우 기쁩니다. 어린이들이 이 시리즈를 통해 '나'에 대해, 나와 공동체 사이의 소통에 대해, 세상의 이치와 진리에 대해 마음껏 질문하고 생각하기를 바라기 때문입니다. 그렇게 되면 창의적으로 문제를 해결하는 힘 또한 커질 수 있다고 믿기 때문이지요.

'제4차 산업혁명의 시대'라는 말처럼 우리는 모든 것이 혁신적으로 변화하는 시대에 살고 있습니다. 스마트폰, 인공 지능, 첨단 로봇 등 새로운 기술과 지식이 나오는 속도도 이전과 비교할 수 없을 정도로 빨라졌지요. 세상에 넘쳐나는 지식과 정보는 이제 누구나 쉽게 구할 수 있고, 개인의 두뇌에 담아낼 수 있는 용량을 넘어선 지 오래입니다. 결국 이 시대의 아이들에게 필요한 것은 지식보다는 그 지식을 다루는 지혜와 창의성 아닐까요?

7차 교육과정 개정 이후 학교 교육도 이러한 시대 흐름에 맞추어 미래 사회가 요구하는 인문학적 상상력과 과학기술 창조력을 두루 갖춘 창의융합형 인재를 양성하는 것을 목표로 합니다.

'철학'은 '지혜를 사랑하는'이란 뜻을 가진 말입니다. 이 학문은 여러분처럼 모든 것에 호기심 많았던 철학자들로부터 시작됩니다. 아주 오래전부터 인간, 사회, 자연, 우주, 진리 등 다양한 분야에서 다른 사람들보다 더 깊이, 더 많이, 그리고 아주 끈질기게 했던 수많은 질문과 탐구를 하며 만들어졌습니다.

마치 높은 곳에 올라가면 마을 전체를 내려다볼 수 있는 넓은 시야를 얻게 되듯이, 철학을 한다는 것은 하나의 문제를 더 큰 눈으로 볼 수 있게 되는 것이랍니다. 그러면 어떤 점이 좋을까요? 더 넓게 보는 눈, 더 깊이 있게 보는 눈, 다른 사람들이 생각하지 못한 부분들을 상상하고 찾아낼 수 있는 눈이 생깁니다. 또 우리 앞의 문제들을 자신만의 창의적인 방법으로 해결할 수도 있고, 그 문제를 해결하다가 다른 더 큰 문제를 발견하여 미리 처리할 수도 있습니다.

《초등 첫 인문철학왕》은 바로 그러한 생각의 눈을 아주 활짝 열어 줄 것입니다. 주제와 관련된 재미있는 동화, 이와 연결된 깊이 있는 인문 해설과 철학 특강, 창의·탐구 활동 등으로 구성된 시리즈는 아이들이 세상에 넘쳐 나는 지식을 지혜롭게 다루는 힘을 길러서, 문제해결력을 갖춘 창의적 인재로 성장할 수 있게 해 줄 것입니다.

그러니 이 책을 읽으며 여러 분야에서 떠오르는 호기심과 질문들을 혼자만 가지고 있지 말고 친구, 가족과도 나누어 보시길 바랍니다. 모두가 질문하고 생각하는 힘이 생긴다면, 어려운 문제들을 함께 해결해 나가는 공동체를 만들 수 있겠지요?

이 책을 읽는 여러분들 모두, 그런 멋진 공동체를 하나둘 만들어 나가는 지혜로운 미래 인재가 되기를 기대합니다.

이지애 드림
(이화여대 철학과 부교수, 한국 철학교육 학회 회장)

초등 첫 인문철학왕
이렇게 활용하세요!

생각 실험

생각 실험은 어떤 사실을 알기 위해 여러 가지 실험과 사례를 연구하는 것이에요. 철학이나 자연 과학 분야 등에서 널리 사용되는 방법이에요. 권마다 주제에 관련된 실험, 유명한 인물의 사례 등을 읽으며 상상력과 문제 해결력을 키워 보세요.

만화 & 동화

40권의 인문 철학 주제별로 아이들의 생활 세계 속 이야기, 패러디 동화 등이 다양하게 펼쳐져요. 처음과 중간은 만화, 본문은 그림 동화로 되어 있어서, 재미난 이야기에 푹 빠질 수 있어요.

인문철학왕되기

오랫동안 어린이들과 함께 철학 수업을 연구하고 진행해 온 한국 철학교육연구원 소속 교수와 연구진들이 집필했어요.

소쌤의 철학 특강, 인문 특강, 창의 특강으로 구성되었어요. 주제와 이야기 안에 숨겨진 철학적 문제들에 대해 함께 답을 찾아갈 수 있도록 깊이 있는 토론과 특강, 그리고 재미있는 활동으로 구성되었어요.

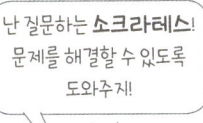

교과 연계

각 권마다 최신 개정 교과서 단원과 연계되어 교과 학습에 도움이 되도록 구성되었어요. 권별로 확인하세요.

이 책의 차례

추천사 4

구성과 활용 6

생각 실험 칭찬이 힘이 된다고? 10

만화 새로운 시작 20

내 이름은 개똥이 22
- **인문철학왕되기1** 인내심을 기르면 보상이 주어질까?
- **소쌤의 철학 특강** 인내를 강조하는 종교

집이 어디야? 36
- **인문철학왕되기2** 왼손이 한 일을 오른손이 모르게?
- **소쌤의 인문 특강** 마시멜로 실험

| 만화 | 상과 벌, 꼭 필요할까? | 54 |

상벌 수첩 — 60

- **인문철학왕되기3** 칭찬과 보상이 꼭 있어야 할까?
- **소쌤의 창의 특강** 로젠탈 효과

샤프 도둑 — 84

- **인문철학왕되기4** 만일 나라면?
- **놀이활동** 칭찬 언어 낱말 놀이

칭찬이 힘이 된다고?

1981년부터 2001년까지 미국의 제조업체인 제너럴 일렉트릭사의 회장직과 최고 경영자(CEO)직을 역임한 잭 웰치. 그는 **'전설적인 경영자'**라는 별명을 지닌 유명한 경영인이지요.

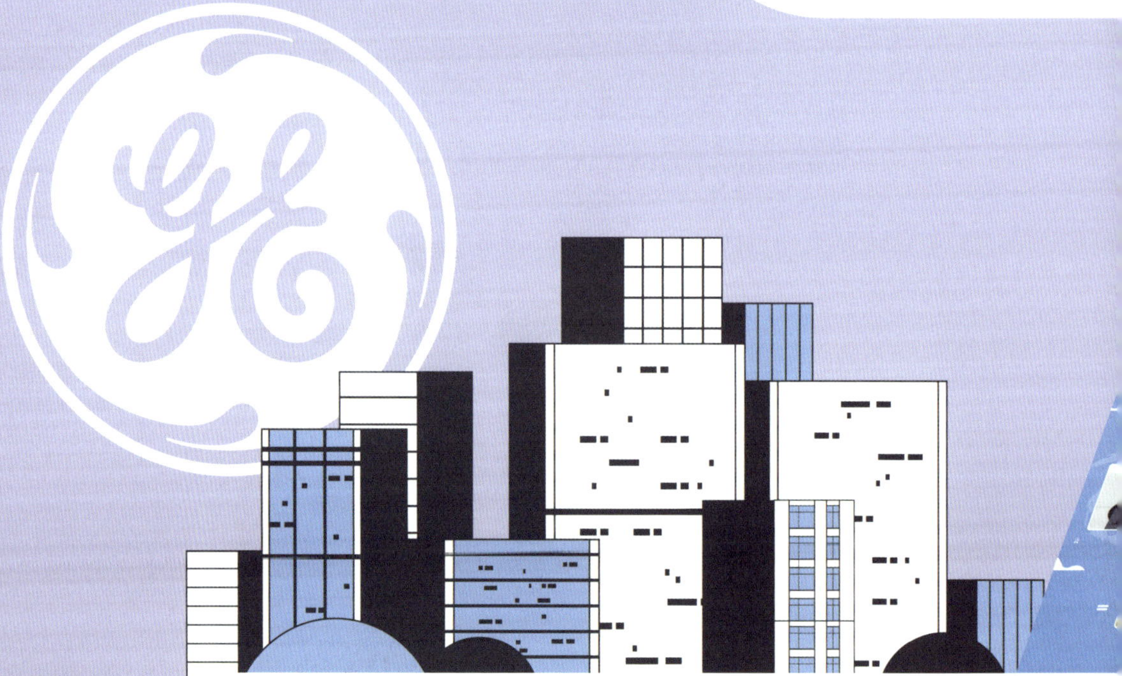

잭 웰치에 대해서는 여러 가지 평가가 있지만, 한때 회사를 세계 최고 기업으로 성장시킨 능력만큼은 인정받고 있어요.

잭 웰치는 어린 시절에 말을 많이 더듬었어요.
식당에서 참치 샌드위치 한 개를 주문하면,
항상 참치 샌드위치 두 개를 받았다고 해요.

참치는 영어로 '튜나'라고 하는데요,
잭 웰치가 '튜, 튜나'라는 식으로
말을 더듬어서 생긴 오해예요.
종업원은 '투 튜나(튜나 두 개)'라고 이해한 것이지요.

하지만 잭은 자신이 말을 더듬는 것에 대해서
그다지 창피해하지 않았어요.
왜냐고요? 바로 어머니 덕분이었어요.

어머니는 잭이 말을 더듬을 때마다
야단을 치거나 고치라고 말하지 않고,
오히려 자신감을 갖도록 응원해 주었답니다.

너는 너무 똑똑해서 그런 거야.
너처럼 똑똑한 아이의 머리를
혀가 따라오지 못해서 그런 거란다.

이처럼 잭 웰치는 어머니 덕분에
말더듬증을 부끄러워하지 않고
모든 면에서 자신감을 가질 수 있었다고 해요.
**단점이 될 수 있는 부분을
오히려 장점으로 생각**할 수 있도록
칭찬한 어머니 덕분에 말이에요.

**여러분이 부모님이나 선생님이라면
어린이의 행동 변화를 이끌어 내기 위해
'상(또는 칭찬)'과 '벌' 중에
무엇을 선택할 것 같은가요?**

우리 엄마도 잭 웰치의 엄마처럼 단점을 지적하지 않고 칭찬만 해 주면 좋을 것 같아.

잘못한 행동에 대한 벌이 없으면 잘못된 행동을 영원히 고칠 수 없을지도 몰라.

새로운 시작

내 이름은 개똥이

　캄캄한 밤, 바람 소리가 자장가로 들리는 동네 단칸방입니다. 아빠와 기영이가 발을 쭉 뻗고 나란히 누웠습니다. 기영이는 하루 가운데 이때가 가장 행복합니다.
　"아빠."
　"왜?"
　"나, 다시 시골 가서 할머니랑 살면 안 될까요?"
　기영이는 아빠에게로 돌아누우며 물었습니다.
　"아직도 학교 친구들이 개똥이라고 놀리니?"
　"아, 아니요."
　아빠는 기영이를 힘주어 안았습니다.
　"앗, 따가워!"

아빠 수염이 기영이 얼굴에 닿자 얼굴이 따가웠습니다.

"놀리는 것도 참으면 이다음에 하늘에서 상을 받는다면서요?"

"그럼. 큰 상을 받지."

"이다음에 받으면 뭐 해? 지금이 좋지."

기영이는 혼잣말로 중얼거렸습니다.

싫거나 화나는 것을 참으면 "이다음에 하늘에서 상을 받는다."는 할아버지의 십팔번은 이제 아빠의 십팔번이 되었습니다. 즐겨 부르는 노래처럼 아빠도 할아버지처럼 이렇게 말하곤 했지요.

"할머니 보고 싶어서 그래?"

"할머니도 보고 싶지만 꼭 그것 때문만은 아니에요."

"그럼?"

"아무것도 아니에요. 아빠 말대로 '불편한 것을 참으면 상이 되고, 참지 못하면 벌'이 되는 거죠, 뭐."

기영이는 그렇게 말하며 피식 웃었습니다.

"자자, 자. 내일을 위해."

아빠가 하품을 했습니다.

"안녕히 주무세요."

기영이는 인사를 하고 다시 돌아누웠습니다.

기영이가 다니는 학교는 아파트촌 뒤, 언덕 너머에 있습니다. 이 초등학교에 얼마 전 기영이가 전학을 온 것이지요.

학교 학생의 절반은 기영이 동네 주택에 사는 친구들이었습니다. 또 절반은 아파트에 사는 친구들이었습니다.

'내가 그 얘기를 왜 했을까?'

기영이는 전학 온 날, 반 친구들에게 자기소개 했던 걸 생각하면 지금도 낯이 뜨거워지고는 합니다. 반 친구들과 스스럼없이 지내겠다는 마음으로 말한 거였는데, 그게 그만 기영이를 난처하게 만들었습니다.

　새 학교로 등교를 하는 첫날이었습니다.

　"푸우, 푸우."

　아빠는 기영이 바지를 다림질해 바지 줄을 세웠습니다. 운동화는 못 쓰는 칫솔로 흙을 털어 내 닦고요.

　기영이는 할머니 집에서 학교에 갈 때보다 모양을 더 냈습니다. 기영이는 거울 앞에 서서 제 모습을 보고 빙그레 웃었습니다. 거울 속 기영이도 기분 좋게 웃었습니다.

아빠는 이런 기영이를 보며 말했습니다.

"서울 친구들한테 기죽지 말고 잘해."

"그럼요."

기영이는 자신 있다고 아랫배에 힘을 주었습니다.

"학교 가는 길은 알지?"

"모르는데요. 좀 데려다 주세요."

기영이는 괜히 너스레를 떨었습니다.

"아빠는 일 때문에 너 혼자 학교 가야겠다. 서류는 교무실에 다 냈다."

아빠는 웃으며 기영이에게 말했습니다.

"알았어요."

"그래, 그래. 우리 기영이 짱이다."

"이 정도쯤이야."

"교무실에 가서 전학 온 학생이라고 하면 선생님이 잘 안내해 줄 거야."

"걱정 마세요."

기영이가 다니던 시골 학교도 새로 지어 학교가 바듯하고 좋았습니다. 그런데 서울 학교는 시골 학

교와 뭔가 다른 것 같았습니다.

기영이는 복도가 반질반질해 신을 벗어 들고 교무실로 갔습니다. 지나가던 친구들이 자꾸 흘끔흘끔 기영이를 바라보았습니다.

'옷에 뭐가 묻었나, 양말에 구멍 났나?'

슬쩍 보았는데 옷도 양말도 괜찮았습니다.

학교에 가면 기죽지 않겠다고 다짐을 했는데, 벌써 기가 죽는 것 같습니다. 주먹을 꼭 쥐었지만 발이 잘 떨어지지 않았습니다.

기영이는 조심조심 교무실이라고 표지가 붙은 문 앞으로 갔습니다. 그런데 교무실 문 손잡이로 선뜻 손이 내밀어지지 않았습니다. 기영이는 문 앞에서 주춤거렸습니다.

"혹시 네가 최기영이니?"

마치 연예인처럼 예쁜 여자 선생님이 기영이에게 반갑게 말을 걸었습니다.

"네, 오늘 이 학교로 전학 온 최기영입니다."

기영이는 또박또박 대답했습니다.

"씩씩해서 좋구나. 우리 학교는 신발을 벗지 않아도 돼. 실내화를 신어도 되고. 너 혼자 왔니?"

"네. 아빠는 일 때문에 못 오셨어요."

방같이 깨끗한데 신발을 신고 다닌다니, 기영이는 믿어지지 않았습니다. 복도에서 기영이를 보고 친구들이 왜 웃었는지 이제야 알 것 같았습니다.

"내가 네 담임이란다."

기영이는 예쁜 선생님의 말에 기분이 좋아 빙그레 웃었습니다.

"수업 준비 할 동안 여기서 좀 기다려라. 교실에 같이 가자."

교무실은 기영이가 다니던 학교 교무실과 비슷했습니다. 그런데 교무실도, 선생님도 왠지 달리 보였습니다.

교실 친구들은 선생님이 왔는데도 마구 떠들었습니다. 그러다가 기영이를 보고 조용해졌지요.

"기영이, 이리 와요."

선생님은 기영이를 칠판 앞에 세웠습니다.

"여러분에게 새 친구가 생겼어요. 지방에서 와 낯설 테니 잘 도와주세요. 기영이, 이리 와서 자기소개 해요."

"안녕, 만나서 반가워. 내 이름은 최기영이고 여기 오기 전에는 경기도에 있는 시골에서 살았어. 난 축구를 좋아해. 별명은 개똥이야."

"개똥이?"

아이들이 웅성거렸어요.

"응. 개똥같이 아무렇게나 굴러다니며 건강하게 잘 자라라고 할머니가 붙여 준 별명이야."

"하하하! 말도 안 돼!"

"푸하! 개똥이가 뭐야, 개똥이?"

"호호호, 기영이는 말도 재미있게 잘하는구나."

선생님도 입을 손으로 가리고 웃었습니다.

친구들을 웃기자고 한 것은 성공했습니다. 그날 2학년 개나리 반은 웃음바다가 되었습니다. 아이들뿐만 아니라 선생님도 배꼽을 잡고 웃었으니까요.

기영이는 그날부터 개똥이로 통했습니다. 몇몇 친구들은 개똥이가 아니라 시골뜨기라고 부르기도 했습니다.

"개똥아, 신발장 신발 똑바로 해."

어떤 친구는 신발장 신발을 일부러 흩어 놓고 똑바로 해 놓으라고 했습니다.

"알았어."

기영이는 친구들 말에 무조건 "알았다." 하고 대답했습니다.

"개똥이 넌 눈이 나쁘니? 이 운동화가 제짝이야?"

운동화는 비슷비슷한 게 많아 제짝을 찾기란 쉽지 않았습니다. 그것도 짧은 쉬는 시간에……. 기영이가 친구들 말을 잘 듣는 게 재미가 있어 그런지, 아이들은 기영이를 가만두지 않았습니다.

아빠가 일찍 출근하는 날, 기영이도 일찍 학교에 갔습니다. 텅 빈 방에 혼자 우두커니 있는 것보다는 학교에 가는 것이 좋았습니다. 기영이는 사람들에게는 물론 만나는 모든 것들에 인사를 했습니다.

"학교 안녕, 잘 있었니?"

"교실아, 안녕. 오늘 하루도 잘 부탁해."

이렇게 인사를 하면 기영이 마음이 편해졌습니다.

어제 청소를 한 교실인데도 휴지가 떨어져 있고, 연필 깎은 것들이 여기저기 떨어져 있습니다. 기영이는 그것들을 하나하나 주웠습니다. 기영이는 공부하는 교실이 참 좋았습니다.

인내심을 기르면 보상이 주어질까?

저는 뭐든지 참는 게 어려워요. 누가 상을 준다고 해도요.

흑흑, 소크라테스 선생님, 지혜 좀 혼내 주세요.

뭉치야, 무슨 일이 있었니?

지혜가 가만있는 저를 괜히 때렸어요.

야, 좀 참아. 그럼 복이 온다잖아.

지혜야, 그렇게 말하는 건 좀 아닌 것 같구나.

네가 때려 놓고 그게 무슨 말이야.

선생님, 기영이 아버지가 참으면 복이 온다고 하는데 뭉치도 참아야 하는 건가요? 참으면 누가 상이라도 주나요?

아버지가 말하는 건 잘못된 일을 참으라는 게 아니야. 힘든 일이나 어려운 일이 닥치더라도 그게 중요한 일이라면 꼭 참고 견뎌 내라는 말이지. 그러면 언젠가는 보상을 받을 수 있다는 거란다.

소쌤의 철학특강

인내를 강조하는 종교

어려운 일이 생겼을 때 잘 참고 견디라는 말은 여러 종교에서도 중요한 덕목으로 이야기한단다.

불교에서는 화나는 일이 있더라도 평소와 같은 마음을 유지하며 참는 자에게 복이 있다고 말한단다.

기독교에서는 잘못된 행동을 하게 만드는 주변의 꾐에 넘어가지 말 것을 강조한단다.

이슬람교의 성인인 마호메트는 "인내는 만족의 열쇠이다. 참고 견디면 만족스러운 대가를 얻는다."는 말을 남김으로써 참을성이 이슬람교의 중요한 가르침임을 보여 준단다.

중국의 공자는 "작은 일을 참지 못하는 사람은 큰일에 낭패하고 만다."는 가르침을 남기기도 했지.

참을성은 단지 종교에서만 강조하는 게 아니라
많은 격언들에서 공통적으로
강조하는 성품이기도 해.

> 성공의 첫 번째 법칙은 인내다.

> 최후의 승리는 참는 자에게 돌아간다.

> 인내는 쓰지만 그 열매는 달다.

> 오늘 달걀 하나를 가지는 것보다 내일 암탉 한 마리를 가지는 게 낫다.

> 가장 잘 견디는 자가 무엇이든지 가장 잘할 수 있는 사람이다.

이런 말들은 참을성이 결국은 커다란 보상을 가져다줄 것이라 말하고 있단다.

집이 어디야?

기영이는 오늘도 평소처럼 학교에 반갑게 인사하고 교문을 들어섰습니다.

"오늘도 일찍 오는구나."

경비 아저씨가 기영이를 알아보고 말을 건넸습니다.

"안녕하세요. 좋은 하루 맞으세요."

"녀석하고는."

좋은 하루라는 말에 경비 아저씨는 기분이 좋았습니다. 경비 아저씨가 좋아하니 기영이도 기분이 좋았습니다.

기영이는 교실에 인사하고 교실 문을 열었습니다. 어젯밤 동안 교실을 지키고 있던 공기가 반갑다고 기영이를 감싸 안아 주는 듯했습니다.

기영이는 먼저 삐뚤어진 책상과 의자를 똑바로 정리했습니다.

그때 갑자기 교실 문 열리는 소리가 났습니다. 기영이는 꼭 나쁜 일을 하다가 들킨 것처럼 움찔했습니다.

"기영이 네가 아침부터 웬일이니?"

"저어……."

기영이는 대답을 못 찾고 우물쭈물했습니다.

"그건 뭐니?"

기영이가 쥐고 있는 휴지를 보며 선생님이 물었습니다.
"휴지를 줍고 있었구나."
선생님은 기영이를 칭찬했습니다.
"전학 온 첫날에도 혼자 와서 야무지다 생각했는데, 선생님 생각이 맞았구나. 우리 반 생각하는 기영이 마음이 참 예쁘네."

아침부터 선생님 칭찬을 들으니 기영이 마음은 하늘로 하늘로 높이높이 날아올랐습니다.

고추잠자리가 아파트 놀이터에 날아다니는 어느 날 아침이었습니다.
기영이는 학교 가는 길 아파트 앞을 벗어나 학교 쪽 사람이 많은 길로 가고 있었습니다.
"엉엉! 엄마."

어린 남자아이가 학교 부근 골목에서 울고 다녔습니다.

"꼬마야."

기영이가 꼬마를 부르자 꼬마는 얼른 기영이에게로 왔습니다.

"형아, 우리 집 좀 찾아 줘. 아파트에 사는데 집을 못 찾겠어."

꼬마는 눈물을 뚝뚝 흘리며 말했습니다.

"울지 마. 내가 도와줄게."

기영이가 말하자 꼬마는 울음을 뚝 그쳤습니다.

"집 주소는 알아?"

"아니. 얼마 전에 이사 왔어. 106동 401호는 알아."

이사 온 지 얼마 안 되는 건 기영이도 마찬가지라 어떻게 도와줘야 할지 걱정이 되었습니다.

"너, 이름이 뭐야?"

"하나."

꼬마가 대답했습니다.

"나이는?"

"여섯 살."

"어떻게 하다가 길을 잃은 건데?"

"아빠랑 같이 나왔는데, 갑자기 아빠가 안 보이는 거야. 골목길에서 고양이를 보고 있었는데……"

"괜찮아, 형이 찾아 줄게."

"형아는 몇 학년이야?"

"2학년."

기영이는 하나를 데리고 일단 학교 앞 아파트 106동 경비실로 갔습니다. 하지만 106동 경비 아저씨는 하나를 모른다고 했습니다. 하나도 그 경비 아저씨를 모르고요.

이런 식으로 수많은 아파트 단지의 106동을 다 찾아 다닐 수는 없을 것 같았어요.

"하나야, 이렇게는 못 찾겠다. 경찰서로 가자."

"맞아, 그러면 되겠다!"

하나는 반갑다는 듯이 말했습니다. 하나는 경찰이라는 말에 마음이 놓였는지 생기가 돌았습니다.

"경찰 아저씨가 집을 꼭 찾아 줄 거니까 걱정하지 마."

"응."

기영이는 하나를 데리고 학교 근처 삼거리에 있는 지구대로 갔습니다. 기영이는 귀여운 하나를 보며 생각했습니다.

'내게도 이런 동생이 있으면…….'

경찰 아저씨에게 하나네 집을 찾아 달라고 부탁하고 기영이는 곧장 학교로 뛰었습니다. 시간을 보니 지각을 할 것 같았거든요.

"학생, 어느 학교 누구야?"

경찰 아저씨의 부름에 대답도 못 할 만큼 서두른 거예요.

하지만 결국 기영이는 지각을 하고 말았습니다.

"기영이 늦었구나? 맨날 일찍 오는 애가 오늘은 웬일이니? 오는 길을 헷갈렸니?"

"앞으론 지각 안 할게요."

선생님은 기영이에게 왜 늦었냐고 묻지 않고, 수업을 이어 나갔습니다. 속 깊은 기영이가 말하지 않는 데에는 그만한 이유가 있을 거라고 생각했지요.

"교무실에서 알립니다. 오늘 2학년 전 학생은 4교시가 끝나는 대로 강당으로 모이기 바랍니다."

방송을 들은 아이들이 웅성거렸습니다.

"무슨 일이지?"

"누구 상 주나?"

"왜 2학년만 모이라는 걸까?"

"오늘 집에 일찍 못 가는 거 아냐?"

2학년 개나리 반을 비롯한 다른 반 친구들도 구시렁댔습니다. 오늘은 4교시만 있는 날이라 수업 끝나자마자 다들 집에 가거나 놀러 갈 생각이었거든요.

수업이 끝나고 2학년 친구들이 강당에 모였습니다.

강당 교단 앞으로 양복 차림을 한 웬 아저씨가 교감 선생님 뒤를 따랐습니다.

"친구들, 여기 보세요. 이 동네 주민께서 고마운 친구를 찾으러 오셨어요."

교감 선생님이 양복 차림의 아저씨를 소개했습니다.

"고마운 친구?"

강당에 모인 아이들이 호기심 어린 목소리로 웅성거렸습니다.

"오늘 아침 아빠를 잃고 우는 꼬마를 지구대에 데려다준 친구가 여기 있나요?"

교감 선생님이 강당에 모인 친구들에게 물었습니다.

'아니, 어떻게 된 일이지?'

기영이는 가슴이 뛰어 마이크에서 나오는 소리가 제대로 들리지 않았습니다.

'나를 찾는 거잖아. 지각할 것 같아 경찰 아저씨가 부르는 걸 무시하고 그냥 와서 나를 찾는 건가? 그건 아닌 것 같은데.

'그런데 내가 이 학교 다니는 걸 어떻게 알았지?'

잘못한 것도 없는데 기영이 가슴이 울렁거렸습니다.

'나갈까, 말까?'

기영이 마음은 두 갈래로 나뉘었습니다.

"잘한 일을 드러내 놓지 말아라. 드러내려 하면 잘한 일은 사라지고 만단다."

할아버지가 살아 계실 때 자주 해 주셨던 말씀입니다. 잘한 일을 일부러 드러내지 말고 숨기라고 하셨지요.

기영이는 앞으로 나아가려는데 발길이 떨어지지 않았습니다. 칭찬을 받고 잘한 일을 드러내 놓는다는 게 할아버지 말씀을 어기는 일이라고 생각했기 때문입니다. 솔직히 누구든 그 상황이라면 마땅히 할 일을 했을 거라고 생각했지요.

강당에 모인 친구들은 아무 반응이 없었습니다. 그럴 수밖에요. 주인공인 기영이가 가만히 있으니까요. 교감 선생님은 잡고 있던 마이크를 양복 차림 아저씨에게 건네주었습니다.

"친구 여러분, 안녕하세요? 나는 하나 아빠랍니다."

'하나라고?'

'하나'라는 말을 듣는 순간 기영이 가슴에서 또 쿵쿵 소리가 나고, 더 심하게 심장이 뛰었습니다. 잘못한 것도 없는데 말입니다. 하나를 경찰 아저씨에게 맡기고 곧바로 나온 게 아무래도 마음에 걸렸습니다.

"나는 고마운 친구를 찾으러 왔어요. 그 친구는 이 학교에 다니는 것 같아요. 그 친구는 2학년이랬어요. 2학년 친구가 우리 아들 하나를 찾아 주어 고맙다는 인사를 하려고 해요. 오늘 아침에 길 잃어 울고 있는 동생을 경찰서에 데려다준 친구가 있나요?"

아저씨가 말하는 동안 강당 안은 숲속처럼 조용했습니다. 아저씨는 친구들 하나하나 살펴보며 말했습니다. 친구들은 서로 얼굴만 바라볼 뿐 아무도 나가지 않았습니다.

'나갈까?'

기영이 마음이 흔들렸습니다.

'아냐. 칭찬받자고 한 일이 아닌데…….'

"없어요? 우리 학교 자랑이니까 어서 나오세요!"

교감 선생님이 재촉했습니다.

기영이는 우물쭈물하다가 그만 앞으로 나아갈 기회를 놓치고 말았습니다. 멋쩍고 부끄럽기도 했습니다.

"이상해요. 바로 오늘 아침 일인데 그걸 잊은 학생은 없을 테고. 분명 이 학교 학생일 텐데."

아저씨는 발걸음을 떼기가 서운한 모양입니다.

"친구들, 수고했어요. 교실로 들어가도 좋아요."

친구들은 서둘러 교실로 들어갔습니다. 교감 선생님과 아저씨는 이야기를 더 나누었습니다.

기영이는 콩닥이는 가슴을 숨기고 아무렇지도 않은 듯 교실로 갔습니다.

인문철학 왕 되기

왼손이 한 일을 오른손이 모르게?

아니죠. 잘한 일은 널리 알려야 하는 거 아닌가요?

난, 기영이가 정말 이해가 안 돼.

그러게 말이야. 자기가 했다고 말하고 칭찬받는게 뭐가 어때서 그걸 숨기냐.

그건 성경에 나오는 말인데, 착한 일을 하는 목적이 남에게 잘 보이거나 칭찬을 받는 데 있어서는 안 된다는 뜻이지. 너희들은 어떠니? 뭔가 잘한 일이 있으면 마구 자랑하고 싶어지지 않니?

난 기영이 마음이 이해돼. 왜 그런 말이 있잖아. '왼손이 한 일을 오른손이 모르게 하라.'

하하하! 그런 사람 여기 있네요.

칭찬받으면 좋은 걸 어떡해요. 쩝.

소쌤의 인문 특강

마시멜로 실험

어떤 일에 대한 보상이 약속되었을 때 아이들이 어떤 선택을 하는지를 보여 주는 재미있는 실험 이야기를 들려줄게.

> 마시멜로를 먹지 않는 건 참기 힘들어.

마시멜로 실험이라고 알려진 이 실험은 5~7세 아이들을 대상으로 진행되었단다. 먼저 아이를 한 명씩 방으로 데려간 뒤 마시멜로 한 개가 놓여 있는 접시를 보여 주면서 이렇게 말했어. "선생님이 잠깐 나갔다 올 거야. 그 사이에 이걸 먹어도 되지만 혹시 먹지 않고 선생님이 올 때까지 기다려 준다면 한 개를 더 줄게." 그리고 선생님은 방을 나갔지. 어떤 친구는 선생님이 나가자마자 먹었고, 몇몇 친구는 끝까지 기다렸다가 마시멜로를 하나 더 받았단다. 물론 끝까지 기다리려고 했지만 참지 못하고 중간에 마시멜로를 먹은 친구도 있었지.

재미있는 건 실험 뒤의 이야기란다.
20년이 지난 뒤 실험에 참여했던 아이들이 어떻게 살아가는지를 조사해 봤더니, 마시멜로를 먹고 싶은 마음을 오래 참은 아이일수록 나중에 더 많은 일을 이뤄 낸 어른이 되었다는 거야.

> 잘 참으면 결국 2개를 먹을 수 있다는 말씀!

물론 이 실험의 결과 분석에는
오류가 많다고 지적되었단다.
이후 새로운 연구에 따라
아이들이 성장해서 잘되고 못 되고는
인내심이 아니라 가정 환경이
더 중요하다는 결과가 발표되었거든.

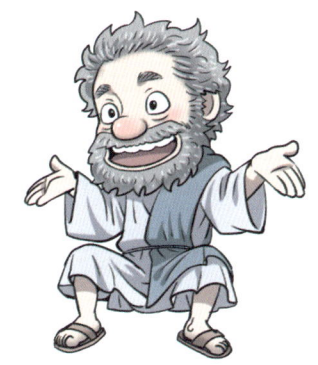

하지만 당시 이 실험이 발표되었을 때 인내심을 기르기 위해
약간의 보상이 따르는 것은 합리적인 교육 방식으로 받아들여졌단다.

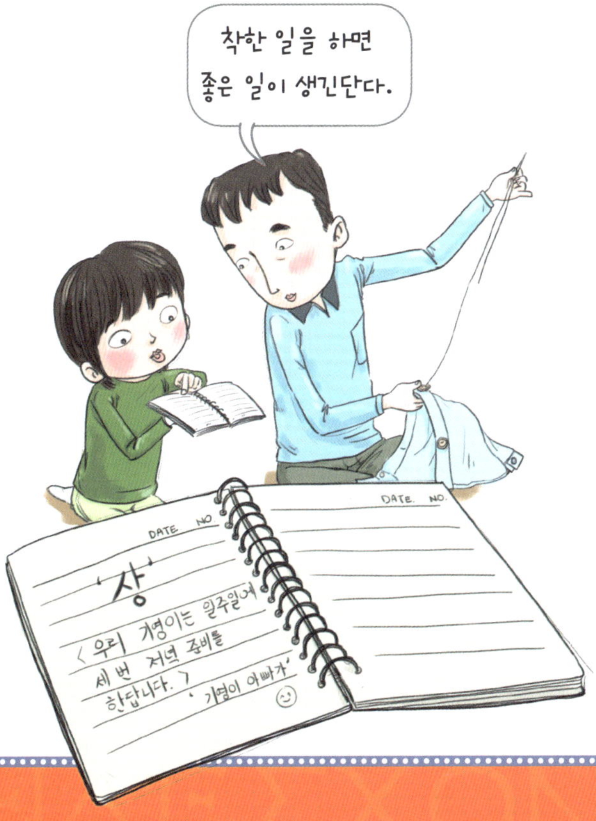

착한 일을 하면 좋은 일이 생긴단다.
DATE NO
'상'
<우리 가영이는 일주일에 세 번 저녁 준비를 한답니다.>
'가영이 아빠가'
DATE NO

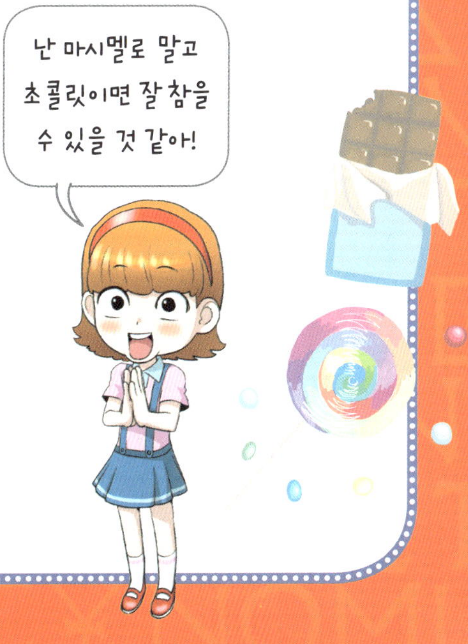

난 마시멜로 말고 초콜릿이면 잘 참을 수 있을 것 같아!

상과 벌, 꼭 필요할까?

상벌 수첩

학교 앞 네거리 신호등의 빨간불이 꺼지고 파란불이 켜져 자동차가 출발할 때였습니다.

"아빠!"

아빠와 같이 차를 타고 가던 하나가 갑자기 크게 소리쳤습니다.

하나 아빠는 깜짝 놀라 네거리를 지나 비상등을 켜고 차를 세웠습니다.

"왜 그래? 아빠 놀랐잖아."

"저기, 저기."

하나는 자동차 뒤쪽을 손가락으로 가리키며 말했습니다.

"저기 뭐가 있다고 그러니?"

뒤를 돌아보며 아빠가 되물었습니다.

"그때 아침에 나를 경찰서에 데려다준 형이야."

"정말?"

"응, 건널목에서 봤어."

아빠는 차 밖으로 나와 하나가 가리키는 곳을 바라보았습니다. 그 아이는 차들과 사람들 틈에 가려 잘 보이지 않았습니다.

"진짜로 본 것 맞지?"

"그럼. 내가 그 형을 왜 몰라? 경찰 아저씨한테까지 데려다줬는데. 오늘은 하늘색 윗옷을 입고 검은색 바지를 입었어."

하나는 사진 찍듯 자세하게 기영이의 옷차림을 말했습니다.

'이 녀석이 그 애를 정말 본 모양이구나.'

아빠는 하나의 말을 믿을 수밖에 없었습니다.

"네가 그 형을 본 곳이 저기 윗동네에서 내려오는 길 쪽 건널목이라고 했지?"

"응. 아빠, 고마운 그 형아 꼭 찾아 줘."

'분명 그 학교 2학년에 없었는데? 혹시 조퇴나 결석을 했나? 아니면 선생님 심부름을 나갔나?'

아빠는 골똘히 생각했습니다.

"아빠, 꼭 찾아 주는 거지?"

"우리 하나를 찾아 준 고마운 친구니까, 당연히 찾아서 고맙다고 해야지."

아빠와 하나는 집으로 돌아오는 길에서도 줄곧 기영이 생각을 했습니다.

하나가 건널목에서 기영이를 본 그 시각. 기영이는 매우 신이 났습니다. 모처럼 아빠가 일하는 공장 근처 돼지갈비 식당에서 저녁을 먹기로 했거든요. 고깃집은 '욕쟁이 할머니'가 사장입니다. 할머니는 술을 팔면서도 손님들이 술을 많이 먹는다고 욕을 해 '욕쟁이 할머니 집'이라고도 한답니다.

　양념한 돼지갈비는 맵지 않고 달짝지근한 게 맛이 그만이었습니다. 오늘은 아빠와 그 식당에서 돼지갈비를 먹는 날입니다. 전학 왔을 때 처음 들르고 오늘이 두 번째입니다.

　사실은 돼지갈비를 먹는 것보다 더 반가운 일이 있습니다. 오늘은 원래 기영이가 저녁 식사 당번을 하는 날입니다. 그런데 아빠와 외식하게 되었으니 식사 당번을 하지 않아도 되는 것이지요.

　식사 당번이라고 해도 그렇게 어렵지는 않아요. 아빠가 끓인 된장찌개를 데우고, 냉장고에서 밑반찬을 꺼내고, 보온 밥솥에서 밥만 푸면 되거든요. 설거지는 아빠 몫이고요.

　원래는 아빠가 모두 하겠다는 것을 기영이가 우겨서 화요일과 목요일 그리고 토요일, 일주일에 사흘 저녁 식사 당번을 맡았습니다. 그런데 어떤 때는 이것도 일이라고 꾀가 나 하기 싫을 때가 있는 게 솔직한 마음입니다.

"할머니, 안녕하세요?"

　기영이는 욕쟁이 할머니에게 공손하게 인사했습니다.

"누구더라?"

　할머니는 기영이를 빤히 바라보았습니다.

"저 앞 공장에서 일하시는 최 주임 아들이에요."

기영이는 할머니에게 자기소개를 했습니다.

"아아, 내 정신 좀 봐. 그렇지. 아빠 곧 오실 게다. 좀 전에 전화 왔었다."

돼지갈비 식당 안에는 기영이밖에 없었습니다. 저녁부터는 술손님이 많다고, 아빠는 일을 일찍 마치고 저녁이 되기 전에 온다고 했습니다.

할머니는 시키지도 않았는데 석쇠에 돼지갈비를 얹었습니다.

"치이익……."

돼지갈비가 석쇠에 닿자 지글거리는 소리를 내며 하얀 연기가 피어올랐습니다.

"개똥이 왔구나."

아빠가 문을 열고 들어왔습니다.

"다 큰 애한테 창피하게 개똥이가 뭐야?"

할머니가 아빠를 나무랐습니다.

"그러지 말아야 하는데 입에서 먼저 나와요."

"저는 아빠가 개똥이라고 부르는 게 더 좋은걸요. 오래 살고, 건강하게 살라고 불러 주시는 기래요."

"누가 그 아빠에 그 아들 아니랄까 봐."

할머니가 웃었습니다.

"아주머니."

아빠는 할머니를 아주머니라고 불렀습니다.

"이 녀석 세 살 때 아내를 저세상에 보내고 할머니와 제가 업어 키웠어요."

"특별한 자식이군그래."

"네, 특별하죠. 저한테는 보물이나 다름없어요."

"아빠가 괜히 그러시는 거예요. 저는 아빠한테 아무것도 못해 드리는걸요."

"원, 녀석도. 애어른처럼 말하는구나."

할머니가 기영이를 보며 말했습니다.

기영이는 돼지갈비를 굽는 대로 정신없이 먹었습니다.

"많이 먹어라."

할머니는 돼지갈비를 서비스로 더 가져오고, 기영이 머리를 쓰다듬어 주었습니다.

"최 주임, 의젓한 아들을 두었네."

할머니도 손자 생각이 나는지 기영이를 더 챙겨 주었습니다.

"아직도 결정 못 했니?"
아빠가 기영이에게 물었습니다.
"아빠, 다른 사람들 앞에 나서는 게 좀 쑥스러워요."
"너희 반은 물론 전교생 가운데 아마도 너처럼 생각하는 친구는 너 하나일지도 몰라."
아빠와 기영이는 이 문제를 놓고 좀처럼 의견을 통일하지 못했습니다.
"아빠는 우리 개똥이가 이번 일만큼은 마음껏 자랑해도 된다고 생각해. 그러니 그렇게 하자."
"차라리 다른 것으로 칭찬받게 해 주세요."
"그 일이 어때서? 길 잃은 동생을 도와준 거잖아?"
아빠 말에 기영이는 한동안 생각했습니다.
"그럼 좋아요, 아빠."
"그래, 그렇지. 우리 개똥이 짱이다!"
아빠는 엄지척을 했습니다.
"그런데 조건이 있어요."

"아니, 또 무슨 조건이냐?"

"《상벌 수첩》에 제가 쓰지 않고, 아빠가 직접 쓰는 거예요."

"아빠가?"

"네."

아빠는 어리둥절했습니다.

"이 일은 제 생각이 아니고 아빠 생각이잖아요."

"그래. 아빠가 졌다."

《상벌 수첩》은 자기 스스로 착한 일과 잘못한 일을 적어서 선생님에게 보여 주면, 선생님이 그에 맞는 크고 작은 상벌을 주는 수첩이에요. 전학 와서 처음 《상벌 수첩》을 본 아빠는 기영이에게 집에서 식사 당번하는 것을 쓰라고 했습니다. 그러나 그때마다 기영이는 마땅히 해야 할 일을 하는 거라며 쓰지 않았습니다. 자기 손으로 착한 일을 적는 것은 기영에게 생각보다 쉽지 않았습니다.

그래서 결국 그날도 《상벌 수첩》에는 아빠가 쓸 수밖에 없었습니다.

하나 아빠는 하나를 데리고 기영이가 다니는 학교를 다시 찾았습니다. 조그만 선물도 준비하고요. 말할 것도 없이 기영이를 찾으러 교감 선생님과 약속을 하고 만나러 간 것입니다.

하나 아빠는 교감 선생님에게 말했습니다.

"학교 근처 건널목에서 경찰서에 하나를 데려다준 학생을 하나가 보았다고 합니다."

"그런데 그때 하나 아빠가 오셔서 2학년 모두를 확인하지 않았습니까?"

"네, 그랬죠. 아마 그때 그 친구가 그 자리에 없었나 봅니다. 이 학교에 다니는 것이 틀림없습니다."

하나 아빠는 확신에 찬 목소리로 말했습니다.

교감 선생님은 하나 아빠 고집에 물러섰습니다.

"2학년이 전체 세 반이니까 담임 선생님께 양해를 받아 다시 한번 찾아보지요."

먼저 2학년 진달래 반에 가 보았습니다.

2학년 진달래 반 총인원 29명, 2명 결석.

결석한 친구를 빼고 진달래 반에는 없었습니다.

2학년 개나리 반 총인원 28명, 1명 교무실.

2학년 벚꽃 반 총인원 28명, 1명 결석.

"개나리 반에 교무실 간 친구가 1명 있다고 했지요?"

"혹시 모르니 가 보실까요?"

하나 아빠와 하나는 교감 선생님을 따라 교무실로 갔습니다.

"형!"

교무실에 들어서자 하나가 기영이를 먼저 알아보았습니다.

"하나야, 그때 너를 혼자 두고 가서 미안해. 서둘렀는데도 지각

했거든."

기영이가 하나에게 변명하듯 말했습니다.

"선생님들, 제가 요란스럽다고 생각하실 줄 모르나 하나는 저에게 정말 귀한 자식입니다. 물론 다른 아이들도 각자 집에서는 다들 귀한 자식이겠지만 말입니다."

하나 아빠는 너무 설친 것 같은 기분이 들어 사과를 했습니다.

"형! 내가 형을 건널목에서 봤다. 형, 이건 고마움으로 주는 선물이야."

"고마워. 선물까지 받을 일을 한 건 아닌 것 같은데."

"지난번 내가 학교에 널 찾으러 왔을 때, 그때도 오늘처럼 교무실에 있었던 거니?"

하나 아빠가 기영이에게 물었습니다.

"아뇨, 그 자리에 있었어요."

"그런데 왜 가만히 있었지?"

"여러 사람 앞에 나아가기가 부끄러웠어요. 또 마땅히 해야 할 일을 한 거기도 하고."

"그래? 참 좋은 마음을 가진 친구군. 이런 친구들이 많아야 하는데."

"저희 학생을 칭찬해 주셔서 고맙습니다."

언제 왔는지 교장 선생님이 하나 아빠에게 감사의 인사를 건넸습니다.

"조금 전에도 말씀드렸지만 귀중한 하나를 찾아 준 학생이 너무 고마워서 귀찮게 해 드렸습니다. 너그럽게 용서해 주십시오."

하나 아빠는 교장 선생님에게 깍듯이 인사했습니다.

"아닙니다. 고맙다고 일부러 찾아오시지 않았습니까."

"이해해 주셔서 고맙습니다."

"누구든 자식을 둔 부모 마음은 같지요."

교장 선생님은 하나 아빠 마음을 충분히 알겠다고 했습니다. 교무실에 훈훈한 웃음꽃이 활짝 피었습니다.

2학년 개나리 반 친구들은 《상벌 수첩》에 '상'을 쓰려고 교실에서 휴지 줍는 것은 물론, 청소도 알아서 먼저 하고 모든 일에 솔선수범하려고 노력했습니다.

"이게 어째서 '상'이야?"

그런데 오늘 상현이가 금란이의 《상벌 수첩》을 뺏어 들고 다니다가 팽개치며 소리쳤습니다.

"뭔데?"

용림이가 바닥에 떨어진 수첩을 주워 읽었습니다.

"이게 무슨 '상'이야? 자기 집 앞을 쓰는 건 당연하잖아. 근데 그걸 잘한 일이라고 자기가 '상'을 준 거야?"

용림이가 큰 소리로 읽고 나서는 혀를 차며 말했습니다.

"그런 식이면 자기가 휴지를 버리고 주워도 '상'이겠네?"

수진이가 말했습니다.

"나 몰라."

금란이는 쪼그리고 앉아 훌쩍였습니다.

그때 기영이가 들어왔습니다.

"금란아, 왜 우니?"

금란이 대신 용림이가 여태 있었던 일을 고자질하듯 모두 말했습니다.

"회장, 용림이 너무하잖아?"

기영이는 회장에게 말했습니다.

"내가 뭘?"

회장 대신 또 용림이가 나섰습니다.

"넌 빠져. 네가 회장이야?"

기영이가 쳐다보자 용림이는 가만히 있었습니다.

"자기 집 앞을 쓴 게 어째서 잘한 일이 아냐?"

"자기네 집이니까."

수진이가 말했습니다.

"그렇다면 너희들 중에 자기 집 대문 앞 쓸어 본 사람 있어?"

기영이가 물었습니다.

"대문이 없어 못 쓸었다. 왜?"

아파트에 사는 친구의 대답이었습니다. 아파트에 대문이 없는 건 사실이었으니까요.

"대문이 아니면 현관 앞이나 아파트 입구를 청소해도 되잖아?"

"……."

모두 입을 다물고 있었습니다.

그때 용림이가 나섰습니다.

"좋아. 너희 둘이 산동네 산다 이거지?"

"집 앞 쓰는 것하고 산동네하고 무슨 상관이야?"

"상관 있지. 끼리끼리 어울리거든. 그러니까 지금 같은 편 드는 것 아냐?"

"우리끼리 언제 어울렸어? 그리고 이건 상과 벌 하고는 아무런 관계가 없어."

당당한 기영이의 말에 친구들이 저마다 말하기 시작했습니다.

"용림이 넌 '벌'이다. 아파트 사는 아이와 산동네에 사는 아이로 편을 갈랐잖아."

회장 아람이가 판정을 내렸습니다.

"용림이는《상벌 수첩》에 '벌'을 써야겠다."

모두 회장 말이 옳다고 했습니다.

"그렇다면 금란이가《상벌 수첩》에 '상'이라고 쓴 것은 당연하지 않을까?"

 기영이의 말에 어느 누구도 '상'이 아니라 '벌'이라고 말하는 친구는 없었습니다.

인문철학 왕 되기

칭찬과 보상이 꼭 있어야 할까?

내가 무언가를 잘했을 때 칭찬을 받거나 용돈을 받으면 기분 좋은 일이지만, 못 받아도 괜찮을 것 같아요.

저는 기영이가 착한 일을 해 놓고도 다른 사람한테 알리지 않은 이유를 알 것 같아요.

그래? 왜 그런 것 같니?

너무 당연한 걸 했는데, 칭찬받는 게 쑥스러워서 그런 거 아닐까요?

그래도 칭찬받는 게 나쁜 건 아니잖아.

무조건 좋은 거지. 그걸 안 받을 이유가 어딨냐?

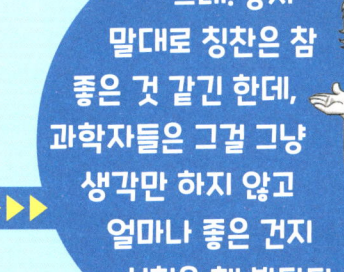
그래. 뭉치 말대로 칭찬은 참 좋은 것 같긴 한데, 과학자들은 그걸 그냥 생각만 하지 않고 얼마나 좋은 건지 실험을 해 봤단다.

소쌤의 TIP

칭찬은 고래도 춤추게 한다?

칭찬받으면 기분이 좋아지겠지만 꼭 칭찬이 있어야만 우리는 좋은 일을 할까? 좋은 일은 분명히 그 자체로 좋은 일이야. 그게 좋은 일이니까 하는 것이지 꼭 칭찬받기 위해 해야 하는 것은 아닐 거야. 칭찬이 없다면 좋은 일을 하지 않을 거니?

소쌤의 창의특강 — 로젠탈 효과

칭찬이 얼마나 큰 힘을 가졌는지 우리는 자신의 경험만 생각해 봐도 알 수 있지만 과학자들은 이런 걸 그냥 경험에 맡기지 않고 직접 실험해 보기도 한단다.

한 초등학교에서 전체 학생 100명을 대상으로 지능 검사를 한 후, 그 지능 검사 결과와는 아무 상관없이 학생들을 20명 뽑았단다. 그리고 그 명단을 선생님들에게 전해 주면서 "이 학생들은 지능이 높은 학생들이다."라는 거짓 정보를 주었단다. 8개월 후 그들의 성적을 확인해 보니 다른 학생들보다 높은 점수를 받았다는 거야. 선생님들은 그 학생들에게 이 사실을 알려 주지는 않았어. 하지만 **선생님이 그 아이들을 보는 기대에 찬 시선이나 칭찬**이 있었기에 그 아이들은 더 나은 성적을 얻게 된 거라고 해.

'로젠탈 효과'라고 불리는 이 실험은 선생님의 기대와 칭찬이 얼마나 큰 효과가 있는지를 보여 주는 실험으로 유명해졌단다.

로젠탈 효과는 우리 생활 속에서도 자주 볼 수 있단다. 여러분도 부모님이나 선생님, 또는 친구들 사이에서 기대나 칭찬이 큰 힘이 되어 어려운 일을 해낸 경험이 있을 거야. 못 하던 줄넘기를 하거나, 어려웠던 과목에서 좋은 성적을 얻기도 하지. 자기 경험을 이야기해 보렴.

칭찬받은 기억을 떠올려 봐.

언제:

어떤 칭찬을 받았지?:

칭찬을 받고 나서 달라진 점:

샤프 도둑

이상한 일이 일어났습니다. 정말이지 분위기가 좋은 2학년 개나리 반에서 상상도 할 수 없는 사건이 일어난 것입니다. 바로 '샤프 사건'이었습니다.

다들 급식만 먹고 집에 간다는 마음으로 들떠 있을 때 회장 아람이가 자리에서 일어섰습니다.

"선생님, 동현이가 샤프 잃어버렸대요."

회장이 선생님에게 말했습니다.

"이게 무슨 소리야? 어떤 샤프인데?"

선생님은 깜짝 놀라 물었습니다.

'고작 샤프 한 자루 잃어버린 걸로 선생님한테 얘기하나?'

기영이는 이해가 안 되어 고개를 갸웃했어요.

 "평범한 샤프가 아니라 미국에 사는 동현이 삼촌이 하나밖에 없는 조카 초등학교 입학 선물로 사 준 거래요."

 회장이 말했습니다. 샤프를 잃어버린 동현이는 속이 상해 책상에 엎드려 있었습니다. 훌쩍이는 소리도 났어요.

 "동현이 일어나 보렴."

 선생님 말씀에 일어난 동현이 얼굴에는 눈물 자국이 나 있었습니다.

 "동현이는 샤프를 언제, 어디서, 어떻게 잃어버렸는지 자세히 말해 보렴."

"급식 시간에 식당 가서 밥을 먹고 왔는데 그사이 없어졌어요. 외국에서만 파는 유명한 만년필 회사 제품이래요. 삼촌이 고급 샤프랬어요."

"그런 귀한 샤프를 왜 가져왔어?"

"친구들에게 자랑하고 싶어서요."

동현이는 울먹이며 말했습니다.

"샤프는 어디에 두고 식당에 갔는데?"

"그건 잘 모르겠어요."

"잘 모르다니? 그런 비싼 샤프를 어디에 두었는지 몰라? 귀한 물건이라면 일단 너도 잘 챙겼어야지."

선생님은 먼저 동현이에게 주의를 주었습니다. 그런 다음 선생님은 다른 친구들을 하나하나 바라보며 말했습니다.

"여러분 모두 책상 서랍이나 책가방, 또 여러 친구들 주위를 다시 한번 살펴보세요. 혹시 있을지도 모르니까. 누가 훔친 게 아니라 잘못 관리해 없어질 수도 있는 거예요. 혹시 호기심 때문에 잠깐 가져간 친구가 있다면 말해 주세요."

아이들은 책가방은 물론 서로서로 주위를 샅샅이 살폈습니다.

"없는데요."

"없어요?"

아이들은 모두 샤프가 없다고 했습니다.

"진짜 없어요?"

"네."

'그렇다면 정말 누가 훔쳐 간 걸까?'

선생님은 그럴 리가 없다고 생각하면서도 자꾸 다른 생각이 들었습니다. 제발 아무도 훔쳐 간 게 아니길, 바라고 또 바랐지요.

"샤프가 나올 때까지 서로가 서로를 의심하면 절대로 안 됩니다. 알았어요?"

"네."

아이들은 입을 모아 대답했습니다.

"종이를 한 장씩 줄 테니 동현이 샤프에 대해 아는 것이 있으면 모두 써서 내세요. 물론 쓰는 사람의 이름은 적지 말아요."

회장은 선생님에게 받은 종이를 친구들에게 한 장씩 나눠 주었습니다.

"회장은 친구들이 다 썼으면 종이를 걷은

다음 나한테 말해 줘요."

그러고는 선생님은 잠시 교실 밖으로 나가 있었습니다.

"누가 장난으로 감췄으면 빨리 내놔라."

아이들은 서로에게 말했습니다. 그러나 샤프는 어디에 꼭꼭 숨어 있는지 나오지 않았습니다.

"개똥아, 네 가방 잘 살펴봐."

시골에서 전학 왔다고 기영이에게 눈총을 주었던 친구가 말했습니다.

"개똥아, 너 그 샤프 이름이 뭔 줄이나 아니?"

"샤프는 나도 있다."

기영이는 샤프를 내보이며 말했습니다.

"말이 안 통한다니까."

내색은 하지 않았지만, 기영이를 얕잡아 보고 의심하는 친구도 있었습니다. 분명 떳떳한데도 기영이는 마음이 불편했습니다.

친구들이 다 썼다고 하자 회장이 선생님을 모셔 왔습니다.

선생님은 종이와 아이들 얼굴을 조심스럽게 살펴보았습니다. 동현이 샤프에 대해 쓴 친구들도 있었지만, 대개는 동현이 샤프와

거리가 먼 이야기였습니다.

"최기영."

선생님이 기영이를 불렀습니다.

"네."

기영이는 깜짝 놀라 대답했습니다.

'범인은 기영이인가 보다.'

선생님이 기영이를 부르자 교실 안은 숨소리조차 나지 않고 조용했습니다. 기영이는 제자리에서 엉거주춤 일어나며 두리번거렸습니다.

"그럼 그렇지. 개똥이인 줄 알았어."

누군가 소곤거리듯 말했습니다.

"기영아, 점심시간에 어디 있었지요?"

"점심 일찍 먹고 선생님 책꽂이 정리했는데

요."

기영이는 마치 샤프를 훔친 범인처럼 주눅이 잔뜩 들어 말했습니다.

"아 참, 내 정신 좀 봐. 교무실에서 선생님 책꽂이 정리했지?"

선생님은 깜빡 잊었던 것처럼 말했습니다.

"네."

"선생님이 착각했네요. 자리에 앉아요."

선생님은 일부러 기영이를 불렀던 거예요. 기영이는 키가 크고, 힘이 세어 선생님 일을 많이 도왔습니다. 그러나 아이들은 2학년 개나리 반에 안 좋은 일이 생기면 우선 기영이를 의심하곤 했지요. 선생님은 아이들 앞에서 기영이가 떳떳하다는 것을 보여 주려고 신경을 쓴 것이랍니다.

"동현이, 샤프를 분명히 학교에 가져왔지요?"

"네."

"그럼 그 샤프가 어디 갔지? 발이 달려 도망갔나?"

웬만해서는 화내지 않는 선생님도 누군가 거짓말을 한다고 생각하니 목소리가 조금 가라앉았습니다.

"좋아요. 샤프가 나올 때까지 모두 의자가 아니라 교실 바닥에 앉아요."

아이들은 어리둥절해하며 모두 교실 바닥에 앉았습니다.

처음에는 이게 무슨 벌인가 싶을 정도로 편했습니다. 그런데 바닥에 앉은 지 5분쯤 지났을까? 찌릿찌릿 발에 전기가 오는 것 같

앉습니다. 욱신욱신 발이 저리기 시작했습니다. 가장 편한 자세로 앉았는데, 바늘로 콕콕 찌르는 것처럼 발이 저렸습니다. 발이 저리자 내 발이 아닌 것 같았습니다. 교실 바닥에 앉은 것이 아니라 붕 떠 있는 것 같았습니다. 아이들 숨소리가 거칠어졌습니다.

　검지손가락에 침을 묻혀 콕콕 코에 찍는 친구들도 있었습니다. 이렇게 하면 발 저린 게 풀린다나요.

　"응, 으응."

　"훌쩍, 훌쩍훌쩍."

20여 분이 지나자 여자아이들 중에는 훌쩍이는 친구가 있었습니다. 남자아이들도 발이 몹시 저려 괴로워했습니다. 조금 더 있자 여기저기서 울음소리가 터져 나왔습니다.

2학년 개나리 반은 울음소리와 신음 소리로 가득 찼습니다. 선생님은 아이들 울음소리에 마음이 아픈지 창문 밖을 멍하니 내다보았습니다.

그때였습니다. 기영이가 자리에서 불쑥 일어섰습니다.

기영이는 발이 저려 절름절름 다리를 절며 교실 앞으로 나아갔습니다. 창 너머를 바라보던 선생님은 어쩐 일인가 하고 기영이 옆으로 왔습니다.

"무슨 할 말 있어요?"

선생님이 기영이에게 물었습니다.

"선생님, 잘못했습니다."

"뭘?"

"선생님."

기영이는 선생님 앞에서 고개를 푹 숙였습니다.

"제가 샤프를 훔쳤습니다."

"뭐라고? 넌 급식 먹고 교무실에서 선생님 책꽂이 같이 정리했잖아!"

선생님은 깜짝 놀라 눈을 동그랗게 떴습니다.

"선생님 책꽂이 정리하는 틈에."

기영이는 짧게 대답했습니다.

"정말?"

"네. 제 샤프보다 너무 좋아 보여 그 샤프가 갖고 싶었어요."

선생님은 고개를 가로저었습니다. 기영이가 샤프를 훔쳤다는 게 도저히 믿기지 않았습니다.

'기영이가 의심받는 것 같아 급식 시간에 내 심부름한 것을 일부러 확인시켜 준 것인데. 그럴 리가 없어.'

"선생님, 정말 제가 훔쳤어요."

기영이 입에서 작은 목소리가 천천히 흘러나왔습니다.

"그렇다면 샤프는 어디 있어요?"

"교실 밖 운동장에 감췄습니다."

"……."

선생님은 너무 놀라 말이 나오지 않았습니다.

전학 온 지 얼마 되지 않았지만, 학교에 금방 적응한 기영이. 투박하고 정직하고, 궂은일을 앞장서서 하는 기영이. 친구들이 놀리고 무시해도 《상벌 수첩》에 '상'이 가장 많이 적혀 있는 기영이. 선생님은 도지히 믿기지 않았습니다.

"모두 제자리에 앉아요."

아이들은 어기적어기적 신음소리와 함께 의자에 앉았습니다. 발이 저려 의자에 제대로 앉아 있지 못하는 아이도 있었습니다.

선생님은 한동안 창밖을 내다보았습니다. 그러다 고개를 돌려 동현이에게 말했습니다.

"동현이, 휴대 전화 갖고 있지요?"

"네."

"엄마한테 전화 걸어 보렴. 집에 샤프 있냐고 여쭤 봐. 걱정하시니까 다른 말은 하지 말고."

동현이는 선생님 말씀대로 바로 엄마에게 전화를 걸었습니다.

"엄마, 나야."

"학교 마쳤어?"

"응. 혹시 집에 내 샤프 있어?"

"그 비싼 걸 왜 학교에 갖고 다니니? 잃어버리면 어떡하려고?

엄마가 네 필통에서 꺼내 잘 뒀다."

"우아!"

스피커폰으로 통화 내용을 들은 아이들은 동시에 환호성을 질렀습니다.

"기영이 너, 훔치지 않았으면서 왜 훔쳤다고 했어?"

선생님이 따뜻하지만 단호한 목소리로 물었습니다.

"튼튼한 저도 발이 저린데, 몸이 약한 친구들은 얼마나 저릴까 하는 생각이 들었어요."

기영이는 멋쩍어 하며 말했습니다.

"샤프가 안 나오면 어떻게 하려고?"

"제가 훔쳤다고 했으니 제가 물어 줘야죠."

"야, 그건 말도 안 돼!"

"그래도 기영이, 너 좀 멋지다!"

"맞아, 우리를 생각해 준 거잖아."

2학년 개나리 반 교실은 아이들의 박수 소리와 환호 소리로 출렁였습니다.

《상벌 수첩》 때문에 2학년 개나리 반은 예전부터 유명했어요. 그만큼 2학년 개나리 반 친구들은 자기네 반이 제일이라는 자긍심이 하늘을 찔렀습니다.

"기영아, 그래도 다음부터는 자기가 잘못한 일이 아닌 걸 덮어쓰면 안 되는 거야. 알았지? 하지만 친구들을 생각한 마음은 칭찬해 주고 싶구나."

선생님이 기영이 머리를 쓰다듬으며 말했어요.

이 사건으로 2학년 개나리 반은 더욱 유명해졌어요. 아이들은 상과 벌이 무엇인지 더 잘 구별하게 되었고, 누구나 스스로 좋은 일을 찾아서 했답니다. 다른 친구들의 착한 일을 평가하지도 않았고요. 《상벌 수첩》은 2학년 개나리 반 친구들의 마음을 단단히 잡고 있었답니다.

만일 나라면?

난 민재가 잃어버린 비싼 지갑을 찾아 줬어. 당연히 칭찬받아야겠지?

난 이번 시험에서 성적이 많이 올랐어. 이거야말로 칭찬받을 일 아냐?

다들 칭찬받을 일을 한 건 맞는데, 칭찬받기 위해서 그런 행동을 한 거니?

난 교실 청소를 내가 알아서 했어. 나야말로 칭찬받아야 하지 않니?

다음 중에서 칭찬받을 만한 일이 아닌 것을 골라 보렴.
그리고 왜 그렇게 생각하는지 이유도 생각해 보자꾸나.

회장 선거를 통해 회장이 된 후 학급 일을 열심히 했다.
　　잘한 일이다. ☐
　　잘한 일이 아니다. ☐
그렇게 생각하는 이유는 _____
_____

· · · · ·

운동을 열심히 해서 튼튼한 몸을 만들었다.
　　잘한 일이다. ☐
　　잘한 일이 아니다. ☐
그렇게 생각하는 이유는 _____
_____

· · · · ·

옆집에 불이 나서 소방서에 신고했다.
　　잘한 일이다. ☐
　　잘한 일이 아니다. ☐
그렇게 생각하는 이유는 _____
_____

· · · · ·

동생을 일부러 울리고 달래 주었다.
　　잘한 일이다. ☐
　　잘한 일이 아니다. ☐
그렇게 생각하는 이유는 _____
_____

칭찬 언어 낱말 놀이

누군가를 칭찬하는 긍정적인 낱말을 찾아보세요. 낱말 카드를 활용하여 친구와 기분 좋은 대화를 나눌 수 있어요.

준비물
색종이, 필기구, 가위 등

활동 방법
① 색종이에 칭찬하는 말을 하나씩 적어요.
② 혼자 낱말을 생각하기 어려우면, 부모님의 도움을 받거나 친구와 함께 상의해서 적어도 좋아요.
③ 낱말이 안 보이도록 색종이를 접어서 바구니나 상자에 넣고 잘 섞어요.
④ 친구와 가위바위보로 순서를 정하고, 색종이를 하나씩 꺼낸 다음 '칭찬 언어'에 맞는 친구의 장점을 말해 보세요.
⑤ 나와 친한 친구는 물론, 친하지 않은 친구라 할지라도 자세히 관찰하면 칭찬의 소재를 얼마든지 찾아낼 수 있답니다.

친구에게 받은 칭찬 언어 색종이를 이곳에 붙이고,
나의 장점을 다시 한번 정리해 보아요.

200만 부 판매 돌파!

 한국디베이트협회
 서울시 교육청 추천도서
 2017 세종도서 교양부문
 2012 문화체육관광부 우수교양도서
 미래창조과학부인증 우수과학도서 2018
 책나라
 2016년 우수건강도서

이제 토
AI 시대 미래
토론

✅ 뭉치북스가 만든 국내 최초 토론책!   ✅ 초등 국어
✅ 한국디베이트협회와 교

01	함께 사는 로봇	12	과학 Cook! 문화 Cook! 음식의 세계	23	생태계의 파괴자? 외래 동식물	33	얼마나 작아질까? 어디까지 발달할까? 나노 기술과 첨단 세계
02	원시인도 모르는 공룡	13	과학을 훔친 수상한 영화관	24	콸콸콸~ STOP!!! 우리나라도 위험해요. 소중한 물		
03	더 멀리 더 높이 더 빨리 스포츠 과학	14	끝없이 진화하는 무서운 전염병	25	오늘도 나쁨! 작아서 더 무서운 미세먼지	34	찾아라! 생명체가 살 수 있는 또 다른 별, 제2의 지구
04	까만 우주 속 작은 별	15	지구 온난화와 탄소배출권	26	식량 위기에서 인류를 구할 미래 식량		
05	노벨도 깜짝 놀란 노벨상	16	먹을까? 말까? 먹거리 X파일	27	썩지 않는 플라스틱! 지구와 인간을 병들게 하는 환경 호르몬	35	배울수록 더 강해지는 인공 지능
06	지켜라 멸종 위기의 동식물	17	우리 몸을 흐르는 피와 혈액형			36	창조론이냐? 진화론이냐? 다윈이 들려주는 진짜진짜 진화론
07	도로시의 과학 수사대	18	진짜? 가짜? 가상현실과 증강현실	28	나와 똑같은 또 다른 나, 인간 복제		
08	살아 있는 백두산	19	두근두근 신비한 우리 몸속 탐험	29	미래의 디지털 첨단 의료	37	모두모두 소중한 생명 멈춰요 동물 실험
09	콜록콜록! 오늘의 황사 뉴스	20	우리를 위협하는 자연재해	30	땅속 보물을 찾아라! 지하자원과 희토류	38	유해할까? 유용할까? 생활 속 화학 물질
10	앗! 이런 발명가, 와! 저런 발명품	21	봄? 가을? 경계가 모호해지는 사계절	31	농사일부터 우주 탐사까지, 미래는 드론 시대	39	46억 년의 비밀, 생명을 살리는 지구
11	아낄수록 밝아지는 에너지	22	세균과 바이러스 꼼짝 마! 약과 백신	32	알쏭달쏭 미지의 세계, 뇌	40	과학자가 가져야 할 덕목, 과학자 윤리와 책임

경기도 사서협의회 추천도서 · 한국교육문화원 추천도서 · 아침독서 추천도서

100만 부 판매 돌파!

수학이 쉬워지고, 명작보다 재미있는
뭉치수학왕

"인공지능(AI) 시대의 힘은 수학에서 나온다!"

개념 수학

〈수와 연산〉
1 양치기 소년은 연산을 못한대
2 견우와 직녀가 분수 때문에 싸웠대
3 가우스, 동화 나라의 사라진 0을 찾아라
4 가우스는 소수 대결로 마녀들을 물리쳤어
5 앨런, 분수와 소수로 악당 히들러를 쫓아내라
6 약수와 배수로 유령 선장을 이긴 15소년

〈도형〉
7 헨젤과 그레텔은 도형이 너무 어려워
8 오일러와 피노키오는 도형 춤 대회 1등을 했어
9 오일러, 오즈의 입체도형 마법사를 찾아라
10 유클리드, 플라톤의 진리를 찾아 도형 왕국을 구하라
11 입체도형으로 수학왕이 된 앨리스

〈측정〉
12 쉿! 신데렐라는 시계를 못 본대

13 알쏭달쏭 알라딘은 단위가 헷갈려
14 아르키는 어림하기로 걸리버 아저씨를 구했어
15 원주율로 떠나는 오디세우스의 수학 모험

〈규칙성〉
16 떡장수 할머니와 호랑이는 구구단을 몰라
17 페르마, 수리수리 규칙을 찾아라
18 피보나치, 수를 배열해 비밀의 방을 탈출하라
19 비례배분으로 보물섬을 발견한 해적 실버

〈자료와 가능성〉
20 아기 염소는 경우의 수로 늑대를 이겼어
21 파스칼은 통계 정리로 나쁜 왕을 혼내 줬어
22 로미오와 줄리엣이 첫눈에 반할 확률은?

〈문장제〉
23 개념 수학-백점 맞는 수학 문장제①
24 개념 수학-백점 맞는 수학 문장제②
25 개념 수학-백점 맞는 수학 문장제③

융합 수학

26 쌍둥이 건물 속 대칭축을 찾아라(건축)
27 열차와 배에서 배수와 약수를 찾아라(교통)
28 스포츠 속 황금 각도를 찾아라(스포츠)
29 옷과 음식에도 단위의 비밀이 있다(음식과 패션)
30 꽃잎의 개수에 담긴 수열의 비밀(자연)

창의 사고 수학

31 퍼즐탐정 쎌링홈즈①-외계인 스콜피오스의 음모
32 퍼즐탐정 쎌링홈즈②-315일간의 우주여행
33 퍼즐탐정 쎌링홈즈③-뒤죽박죽 백설 공주 구출 작전
34 퍼즐탐정 쎌링홈즈④-'지지리 마란드러' 방학 숙제 대작전
35 퍼즐탐정 쎌링홈즈⑤-수학자 '더하길 모테'와 한판 승부
36 퍼즐탐정 쎌링홈즈⑥-설국언차 기관사 '어로등 달리능기라'
37 퍼즐탐정 쎌링홈즈⑦-해설 및 정답

수학 개념 사전

38 수학 개념 사전①-수와 연산
39 수학 개념 사전②-도형
40 수학 개념 사전③-측정·규칙성·자료와 가능성

독후 활동지

본책 40권+독후 활동지 7권
정가 580,000원